Lenita Teixeira de Almeida Campos

SPED Comptabilité et professionnalisation des petites et moyennes entreprises

Lenita Teixeira de Almeida Campos

SPED Comptabilité et professionnalisation des petites et moyennes entreprises

Contribution à l'amélioration de la gestion

ScienciaScripts

Imprint

Any brand names and product names mentioned in this book are subject to trademark, brand or patent protection and are trademarks or registered trademarks of their respective holders. The use of brand names, product names, common names, trade names, product descriptions etc. even without a particular marking in this work is in no way to be construed to mean that such names may be regarded as unrestricted in respect of trademark and brand protection legislation and could thus be used by anyone.

Cover image: www.ingimage.com

This book is a translation from the original published under ISBN 978-620-2-17369-8.

Publisher:
Sciencia Scripts
is a trademark of
Dodo Books Indian Ocean Ltd. and OmniScriptum S.R.L publishing group

120 High Road, East Finchley, London, N2 9ED, United Kingdom
Str. Armeneasca 28/1, office 1, Chisinau MD-2012, Republic of Moldova, Europe
Printed at: see last page
ISBN: 978-620-7-27142-9

Index :

DEDICATOIRE

À ma mère Iraci

Pour m'avoir transmis les valeurs qui sont essentielles pour que nous soyons de vraies personnes, et l'amour, pour que nous soyons heureux.

REMERCIEMENTS

Tout d'abord, je remercie Dieu pour la liberté de penser, de désirer, de vouloir et de choisir. Pour ne pas être n'importe quoi, mais pour pouvoir devenir qui je suis vraiment.

Je tiens à remercier ma famille pour sa motivation et ses encouragements dans les moments difficiles, et surtout pour sa compréhension lors de mes absences.

Aux professeurs pour m'avoir enseigné et transmis des expériences et des techniques afin que je puisse les utiliser dans ma vie quotidienne, et en particulier au professeur Antonio, qui m'a aidé à développer ce travail.

Je tiens à remercier tout particulièrement mon mari, Márcio, pour son amour, ses encouragements et sa motivation, et pour m'avoir montré la nécessité, tant sur le plan professionnel que personnel, d'affronter et de surmonter le défi que représentait l'achèvement de ce cours.

EPIGRAPH

"Pour chaque effort discipliné, il y a une récompense multiple. Jim Rohn

RÉSUMÉ

Début septembre, le calendrier du gouvernement pour la mise en œuvre du système public de comptabilité fiscale (SPED) est entré en vigueur. D'ici à 2012, toutes les entreprises, quelle que soit leur taille ou leur secteur d'activité, devront faire leur déclaration au fisc sous forme numérique. En d'autres termes, toutes les procédures actuellement effectuées sur papier, des factures aux livres de caisse, seront effectuées électroniquement. Cette étude vise à évaluer l'impact de la mise en œuvre de cette nouvelle obligation sur les petites et moyennes entreprises en termes de modification de leur structure et, par conséquent, la nécessité d'une plus grande professionnalisation, c'est-à-dire la nécessité d'adapter et de restructurer le mode de gestion de l'entreprise.

Mots clés :

Comptabilité SPED.   Professionnalisation.   Petites et moyennes entreprises   .

Professionnels de la comptabilité. Comptabilité.

INTRODUCTION

Thème

Actuellement, la majorité des petites et moyennes entreprises n'utilisent pas l'information comptable comme outil de prise de décision, car elles la considèrent uniquement comme une obligation fiscale. En janvier 2007, le décret 6.022 a été publié, établissant le SPED - Sistema Público Eletrónico Digital (système public électronique numérique), qui prévoit l'envoi de fichiers électroniques contenant les informations fiscales et comptables des entreprises.

Les entreprises pensaient que le SPED serait résolu par la technologie, mais ce n'est qu'une partie de la solution. Le plus grand défi est d'avoir une comptabilité cohérente, réelle et complète, car c'est ce qui sera le plus rapidement contrôlé par les autorités fiscales. Les entreprises doivent donc revoir leurs processus de gestion et appliquer les principes et procédures comptables actuels à leur comptabilité afin d'enregistrer correctement leurs informations.

Situation problématique

L'objectif de ce document est de démontrer brièvement que l'introduction de la comptabilité SPED contribuera à la professionnalisation des petites et moyennes entreprises.

Sans une automatisation complète des opérations et de la comptabilité qui en découle, l'entreprise risque de se voir infliger une amende pour avoir fourni des informations incohérentes ou erronées.

Dans ce contexte, une série de nouvelles responsabilités apparaissent pour les professionnels impliqués dans ces processus, car ils doivent connaître en détail les règles et les préceptes légaux afin de respecter pleinement les nouvelles exigences. La problématique analysée peut être résumée par la question suivante : SPED Comptabilité contribuera-t-il à la professionnalisation des petites et moyennes entreprises ?

Objectifs

Objectif général

L'objectif général de ce travail est de démontrer que la comptabilité SPED contribuera à la professionnalisation des petites et moyennes entreprises.

Objectifs spécifiques

Les objectifs spécifiques sont d'examiner l'influence de la comptabilité SPED sur l'amélioration de la gestion et des connaissances des professionnels de la comptabilité dans les petites et moyennes entreprises.

Justifications

L'administration fiscale analysant chaque opération effectuée de manière agile, les entreprises ne peuvent pas transmettre des informations et/ou des opérations frauduleuses ou erronées dans leurs dossiers SPED, sous peine de conséquences coûteuses pour l'entreprise, mais aussi, en cas de fraude dans la comptabilité, de poursuites pénales et de mise en cause de la responsabilité des associés.

Les entrepreneurs doivent anticiper les événements qui pourraient les empêcher d'envoyer les informations, car si l'entreprise ne se conforme pas à la norme et n'envoie pas les informations dans les délais requis, elle sera sanctionnée par de lourdes amendes qui pourraient compromettre sa trésorerie. C'est pourquoi il est indispensable de tester les systèmes informatiques pour s'assurer que les informations sont conformes à la norme.

Toutes les opérations des entreprises étant comptabilisées par les autorités fiscales, il n'y a aucune raison de ne pas tirer parti de la richesse des informations comptables qui peuvent être extraites de leurs registres. Dans un monde concurrentiel, rien ne doit être perdu, surtout pas l'information. Cela ouvre un champ immense à la professionnalisation des petites et moyennes entreprises.

Méthodologie

L'objectif de la recherche menée dans ce document est de mettre en lumière les problèmes observés. Pour ce faire, le type de recherche adopté est qualitatif, en raison du nombre limité d'entreprises, et il est de nature exploratoire-descriptive.

Dans la recherche descriptive, les faits sont observés, enregistrés, analysés, classés et interprétés. Il n'y a donc pas d'interférence de la part du chercheur, qui essaie simplement de comprendre, avec le soin nécessaire, la fréquence du phénomène (PRESTES, 2003). Selon l'auteur susmentionné, la recherche exploratoire vise à découvrir des similitudes entre des phénomènes pour lesquels les hypothèses théoriques ne sont pas claires ou difficiles à trouver. Elle intervient avant la phase de planification du travail, dans le but d'obtenir davantage d'informations sur le sujet et de faciliter sa délimitation.

Afin d'identifier la procédure la plus appropriée, une étude bibliographique et documentaire a été réalisée pour prouver l'applicabilité des hypothèses soulevées.

> "La recherche peut être considérée comme une procédure formelle avec une méthode de réflexion qui nécessite un traitement scientifique et constitue le moyen de connaître la réalité ou de découvrir des vérités partielles. Toute recherche implique la collecte de données à partir de diverses sources, quelles que soient les méthodes ou les techniques employées". (MARCONI ; LAKATOS 2001, p.43)

En fin de compte, une étude de terrain a été réalisée au cours de laquelle, par le biais d'entretiens, le chercheur a cherché à recueillir le plus de données possible, concluant ainsi son enquête. L'objectif de la recherche sur le terrain est d'obtenir des informations et des connaissances sur le problème auquel on cherche à répondre, afin de prouver ou de découvrir de nouveaux phénomènes dans les relations (MARCONI ; LAKATOS, 2006).

Selon les auteurs susmentionnés, la recherche sur le terrain n'est pas une simple collecte de données, elle nécessite un contrôle adéquat et conforme aux objectifs fixés. Comme méthode d'obtention des données, un entretien a été réalisé avec des professionnels de la comptabilité de petites et moyennes entreprises qui vivaient les changements apportés par la mise en œuvre de la comptabilité SPED dans leurs entreprises et qui pouvaient apporter leurs expériences à ce travail.

Organisation de la monographie

Le premier chapitre traite de la comptabilité SPED et des petites et moyennes entreprises au Brésil. Le deuxième chapitre décrit la recherche et la manière dont elle a été appliquée. Le troisième chapitre présente, analyse et discute les résultats d'une étude de terrain sur la professionnalisation des petites et moyennes entreprises influencée par la mise en œuvre de la comptabilité SPED.

Chapitre 1

1. LA COMPTABILITÉ SPED ET LES PETITES ET MOYENNES ENTREPRISES -

Examen théorique

1.1.   SPED - Système de comptabilité numérique publique

Beaucoup de gens ont entendu parler du SPED, mais peu savent à quoi il sert et quel est son objectif. SPED - Sistema Público de Escrituragao Digital (Système Public de Comptabilité Numérique) a été institué en 2007 par le décret 6.022 et consiste à moderniser le système actuel de respect des obligations annexes transmises par les contribuables aux administrations fiscales et aux organismes de contrôle, en utilisant la certification numérique pour signer les documents électroniques. Il garantit ainsi la validité juridique uniquement sous sa forme numérique.

> "SPED est un instrument qui unifie les activités de réception, de validation, de stockage et d'authentification des livres et des documents qui composent la comptabilité commerciale et fiscale des entrepreneurs et des sociétés, à travers un seul flux d'informations informatisé" (article 2 du décret 6.022 de janvier 2007).

SPED vise à promouvoir l'intégration des autorités fiscales par la normalisation et le partage des informations comptables et fiscales, ainsi qu'à accélérer l'identification des infractions fiscales en améliorant le contrôle des processus, en accélérant l'accès à l'information et en assurant un suivi plus efficace des opérations grâce au recoupement des données et à l'audit électronique.

Le projet se compose de cinq sous-projets principaux : comptabilité numérique (ECD), comptabilité fiscale numérique, facture électronique - environnement national, facture de service électronique et connaissement électronique - environnement national. Il s'agit d'une initiative intégrée des administrations fiscales des trois niveaux de gouvernement : fédéral, régional et municipal.

Le DCE a été institué par l'instruction normative 787 du 22 novembre 2007 et couvre les livres suivants : journal général, journal avec comptabilité sommaire (lié à un livre auxiliaire), journal auxiliaire, grand livre auxiliaire et livre des balances de vérification et des bilans quotidiens. Grâce à son système comptable, l'entreprise génère un fichier numérique dans le format spécifié dans l'instruction normative.

A partir du système comptable, l'entreprise génère un fichier numérique dans un format spécifique. Ce fichier est soumis au programme fourni par SPED pour validation et signature numérique et, après ces procédures, le fichier est envoyé à l'organisme public. Les livres électroniques seront enregistrés auprès de la Chambre de commerce. Les livres électroniques et les livres papier de la même période ne doivent pas coexister.

La DPE est entrée en vigueur en janvier 2008 pour toutes les entreprises soumises à un suivi fiscal différencié (bénéfice réel), et les événements comptables survenus à partir du 1er janvier 2008 doivent être déclarés pour être soumis en juin 2009. Les autres entreprises devront adhérer au système à partir du 1er janvier 2009. En d'autres termes, les petites et moyennes entreprises qui ont opté pour le régime du bénéfice réel en 2009 devront soumettre le DPE en juin 2010.

SPED La comptabilité est une nouvelle ère pour toutes les entreprises. En effet, les effets se feront sentir dans tous les domaines, de l'infrastructure technologique aux processus, en passant par la communication et l'évolution culturelle des personnes.

SPED brise certains paradigmes, tels que le traitement des factures papier, la réception d'une note pour couvrir la réception des marchandises et la soumission de diverses obligations fiscales. Pour cette raison, les personnes impliquées dans ces processus seront directement impactées par les changements de SPED, ce qui amènera les entreprises à investir dans la formation afin que chacun comprenne parfaitement le nouveau scénario. SPED nécessitera un changement culturel chez les professionnels, dans leurs processus de travail et dans leur vision de l'activité de l'entreprise.

Le SPED peut être défini comme un instrument qui unifie les activités de réception, de validation, de stockage et d'authentification des livres et des documents qui composent la comptabilité commerciale et fiscale des entreprises, au moyen d'un flux d'informations unique et informatisé. Ce système apportera des avantages aux contribuables, tels que : la simplification des obligations accessoires ; l'élimination de la dactylographie des factures lors de la réception des marchandises ; la réduction des erreurs comptables pouvant entraîner des amendes ; la réduction des coûts d'impression, d'achat de papier et de formulaires, et de stockage des documents, contribuant ainsi à un impact environnemental favorable (DINIS, 2009).

Étant donné que le programme SPED concerne plusieurs domaines d'activité, les entreprises devront se préparer à une communication efficace entre les processus, garantissant ainsi le flux d'informations et, par conséquent, la conformité totale avec le programme SPED.

Les entreprises devront mettre à jour leurs systèmes et mettre en œuvre de nouvelles solutions pour générer les fichiers magnétiques définis par SPED. En outre, les entreprises devront préparer leur infrastructure de télécommunications afin de garantir un environnement adapté au volume d'informations qui seront transmises/reçues lors de la communication avec les autorités fiscales.

Compte tenu des points mentionnés dans les dimensions précédentes, il est clair que la

SPED a un impact sur les processus opérationnels d'un certain nombre d'entreprises.

> (...) les plus de 5 millions de petites et moyennes entreprises que compte aujourd'hui le Brésil ont besoin d'informations et d'outils pour améliorer leur gestion et proposer des solutions viables pour la continuité de leurs activités. Selon les données publiées par les organismes officiels, la moitié de ces petites entreprises sont condamnées à mourir entre la première et la troisième année d'existence, et la principale cause mise en avant pour expliquer cette énorme mortalité est le manque d'informations pour la prise de décision et d'outils adéquats pour la gestion de l'entreprise" (Luiz Antonio Balaminut, ancien président du CRC-SP).

"Les comptables seront de plus en plus amenés à rédiger des rapports de gestion - communications importantes entre l'entreprise et la société - et à comptabiliser les investissements sociaux, à une époque où la planète est menacée par le changement climatique, ce qui devrait également être du ressort de la catégorie" (DUARTE, 2009, p. 144).

Une fois le SPED mis en place dans les entreprises, il leur sera pratiquement impossible de fonctionner sans le soutien d'un ERP et, par conséquent, la professionnalisation des petites et moyennes entreprises.

Ainsi, nous pouvons considérer la technologie comme un outil logistique capable de générer un avantage concurrentiel, mais ce sont les êtres humains qui ajoutent (ou retirent) de la valeur aux entreprises, grâce à leur capacité d'analyse, de synthèse et de relation.

1.2.   Petites et moyennes entreprises

Dans le scénario économique du Brésil, les micro, petites et moyennes entreprises prédominent, remplissant l'importante fonction sociale de production de biens et de services et de création d'emplois. Au cours des dernières décennies, le modèle d'entreprise des micro, petites et moyennes entreprises (MPME) a été le plus performant en termes d'absorption de la main-d'œuvre, notamment parce qu'elles sont moins gourmandes en capital.

Kuglianskas (1996) classe les petites entreprises comme celles qui comptent moins de 100 employés, y compris les micro-entreprises. Les entreprises moyennes comptent entre 100 et 500 employés. Pour faciliter la comparaison des entreprises dans des pays aux caractéristiques intrinsèques plus intenses, certaines organisations internationales telles que l'OCDE et l'OIT ont fixé une limite allant jusqu'à 100 employés par entreprise (GONÇALVES, 1994). Pour le Service brésilien d'appui aux micro et petites entreprises (Sebrae), la classification est illustrée dans le graphique 1.

Tableau 1

Classification SEBRAE de la taille des entreprises brésiliennes

Taille/Secteur	L'industrie	Commerce/Services
Micro-entreprise	Jusqu'à 19	Jusqu'à 9
Petites entreprises	De 20 à 99	De 10 à 49 ans
Entreprises moyennes	De 100 à 499	De 50 à 99
Grande entreprise	Plus de 500	Plus de 100

Source : SEBRAE, 2010

La classification adoptée par la BNDES, présentée dans le tableau 2, est la même que celle couverte par la lettre circulaire n° 64/02 du 14/10/2002, qui prend en compte le revenu brut d'exploitation annuel - ou annualisé (ROB) :

Tableau 2

Brésil : Classification adoptée par la BNDES

Taille de l'entreprise	Recettes brutes d'exploitation (en millions de reais)

Micro-entreprise	Jusqu'à 1,2
Petites entreprises	Supérieure à 1,2 et inférieure à 10,5
Entreprises moyennes	Supérieure à 10,5 et inférieure à 60,0
Grande entreprise	Supérieure à 60,0

Source : BNDES 2010

Au Brésil, les petites et moyennes entreprises sont confrontées à de nombreux défis, parmi lesquels : la baisse de la demande, des impôts élevés et des taux d'incompétence, et pourtant leurs investissements portent sur la rénovation des installations, l'achat d'équipements informatiques et la formation des employés (PEREIRA, 2008).

Amato Neto (2008) souligne la nécessité de politiques publiques intelligentes qui servent de "parapluie organisationnel" aux MPME pour qu'elles deviennent compétitives et viables. Il suggère que les coopératives pourraient aider à surmonter les difficultés car ces organismes fournissent des systèmes communs dans le domaine du marketing, de la logistique, entre autres.

Parmi les diverses difficultés auxquelles les petites entreprises sont confrontées à leurs débuts, telles qu'une logistique et une formation insuffisantes, la charge fiscale élevée est considérée comme la principale cause d'échec des premières entreprises (GAZETA MERCANTIL, 2008).

Le 18 août 2005, Folha de Sao Paulo a publié une étude sur l'évasion fiscale réalisée par l'Institut brésilien de planification fiscale (IBTP). Selon cette étude, les débuts de l'évasion fiscale sont beaucoup plus importants dans les petites entreprises.

> Par taille, les preuves de fraude fiscale sont les plus nombreuses dans les petites entreprises (63,66 %). Dans les entreprises de taille moyenne, on trouve des preuves dans 48,94 % des entreprises. Dans les grandes entreprises, le pourcentage est plus faible : 27,13 %.

1.3.   SPED dans les petites et moyennes entreprises

La migration vers la comptabilité fiscale électronique a commencé lentement, mais elle reste un défi pour de nombreuses entreprises. Au cours des derniers mois, conformément au calendrier de migration, de nombreuses entreprises ont déjà dû commencer à modifier la façon dont elles transmettent les informations aux autorités fiscales.

Cependant, bien plus que des ajustements comptables ou des ressources affectées à la technologie, SPED représente un changement structurel et exige par conséquent une plus grande professionnalisation des petites et moyennes entreprises. Dans de nombreux cas, les changements peuvent même nécessiter une adaptation et une restructuration de la gestion de l'entreprise.

Le plus gros problème est peut-être lié à la complexité de notre système fiscal et au manque de connaissances de la plupart des professionnels concernés. Lorsque les petites et moyennes entreprises adoptent la facture électronique (NF-e), elles peuvent même être confrontées à une baisse de leur rentabilité. Outre la facilité et la souplesse de gestion, le problème de l'évasion fiscale est l'une des principales motivations pour la mise en œuvre de l'enregistrement électronique.

Cependant, pour de nombreux petits et moyens entrepreneurs, des doutes courants et simples concernant l'enregistrement des ventes et des processus finissent par générer des erreurs fiscales qui sont éliminées grâce à la NF-e.

Dans ce contexte, il est possible que l'adoption de la NF-e entraîne une baisse immédiate de la rentabilité. De plus, malgré la facilité et la rapidité de l'enregistrement, le respect de toutes les exigences du SPED nécessite souvent des investissements technologiques, tels que des logiciels, voire la formation des employés.

L'ensemble de ce scénario peut d'abord être analysé comme négatif pour les propriétaires de petites et moyennes entreprises, car il augmente les coûts et réduit la rentabilité. Cependant, il doit être analysé comme une opportunité. Selon une enquête menée auprès de 580 professionnels de la comptabilité, 81,4 % d'entre eux ont une opinion positive de la formation professionnelle continue (DUARTE, 2009).

C'est un moment délicat qui peut favoriser une évaluation de l'entreprise et de son fonctionnement. Les dirigeants peuvent et doivent profiter de tous les changements pour procéder à une analyse approfondie de leur entreprise. Il s'agit d'identifier les possibilités d'améliorer les processus, d'accroître la productivité et d'améliorer la rentabilité.

Les transitions critiques nécessitent une évaluation, une planification et un contrôle de gestion. Quelle que soit la taille ou le segment de l'entreprise, en cas de baisse des recettes, il est nécessaire d'évaluer l'ensemble du positionnement et d'identifier les possibilités d'amélioration de la productivité, voire les nouveaux créneaux à explorer.

La planification stratégique et la professionnalisation du management ne sont pas seulement des outils utilisés par les grandes entreprises. Ce sont des outils nécessaires pour évaluer le positionnement, fixer des objectifs et définir la manière de les atteindre. Et ce n'est qu'en suivant ces étapes que les petits et moyens entrepreneurs peuvent professionnaliser leur entreprise et se développer de manière structurée. Selon une étude réalisée en 2009 par Duarte, p. 293 :

> L'influence de SPED sur le travail des personnes interrogées se traduira par une augmentation de l'informatisation (64%), une augmentation des opportunités (44,9%), une augmentation des coûts (30%) et une réduction des risques (27,7%). Pour les participants à l'enquête, le SPED aura les impacts suivants sur les entreprises en général : intégration électronique avec les bureaux comptables (58,6%), utilisation de la comptabilité comme outil de gestion (55,7%), mise en place de systèmes ERP (42,4%), planification fiscale (37,5%) et utilisation de méthodes de gestion électronique des documents (30,7%).

SPED pourrait être le moteur de ce changement. Nous devons saisir l'occasion et planifier les changements nécessaires pour maintenir la rentabilité et la croissance.

Chapitre 2

2. Description de la recherche sur l'influence de la comptabilité SPED sur la professionnalisation des petites et moyennes entreprises

Ce travail consiste en une étude explicative. Selon Cooper et Schindler (2003, p. 131), ce type d'étude est utilisé lorsque "le domaine d'investigation peut être si nouveau ou si vague que le chercheur doit procéder à une exploration afin de découvrir quelque chose sur le problème [...]". Cette recherche est descriptive et empirique et a été conçue pour identifier certaines considérations sur l'influence de la comptabilité SPED sur la professionnalisation des petites et moyennes entreprises.

Les données ont été collectées auprès de 20 petites et moyennes entreprises de la ville de Sao Paulo, sélectionnées au hasard dans la liste publiée par le magazine Exame PME des petites et moyennes entreprises qui ont connu la plus forte croissance en 2009. Cependant, seules 12 entreprises ont répondu au questionnaire en annexe. Les autres entreprises n'ont pas souhaité répondre, car leur comptabilité est traitée par des cabinets comptables externes et qu'elles connaissent mal la mise en œuvre de la SPED, ce qui indique que les professionnels ne sont pas préparés à répondre aux aspects de la SPED parce qu'ils ne connaissent pas les nouvelles exigences.

Un questionnaire comportant 13 (treize) questions assertives a été utilisé pour réaliser l'enquête. Les techniques de collecte de données sont expliquées dans le tableau 3 :

Tableau 3

Techniques de collecte de données

Questionnaire	Objectif de la recherche
1 à 5 - données démographiques de l'entreprise	Connaître la taille des entreprises analysées, leur secteur d'activité et les qualifications des professionnels de la comptabilité.
6 - la comptabilité est interne	L'objectif de cette question est d'identifier si l'entreprise devra améliorer sa mise en œuvre de SPED ou si elle se contentera de sous-traiter ce service à son cabinet comptable.
7 - l'entreprise dispose d'un ERP	Cette question vise à déterminer si l'entreprise dispose de contrôles efficaces et fiables.
8 - l'entreprise est prête pour le SPED	L'objectif de cette question est de mesurer la perception du degré de préparation de l'entreprise au SpED.
9- un ERP spécifique a été engagé	Identifier le montant des investissements réalisés par l'entreprise pour améliorer l'information et le contrôle des données grâce à la mise en œuvre de SPED

10 - SPED a contribué à améliorer la gestion des données	Cette question a été posée pour évaluer le besoin d'amélioration des procédures de contrôle interne des entreprises et pour identifier l'implication d'autres domaines.
11 - il y avait un besoin de formation	L'objectif de cette question est de savoir combien l'entreprise a investi dans la formation des professionnels concernés.
12 - SPED a contribué à améliorer la gestion du personnel	Déterminer si les professionnels ont dû améliorer leurs connaissances à la suite de la préparation à la SPED.
13 - SPED a permis à chacun de mieux comprendre le métier de l'entreprise.	L'objectif de cette question était d'identifier si SPED a aidé les entreprises à professionnaliser leurs employés.

Les techniques d'analyse étaient qualitatives, liées au cadre théorique et aux graphiques.

Chapitre 3

3. PRÉSENTATION ET ANALYSE DES DONNÉES

3.1.   Analyse des données collectées

Cette section décrit l'analyse et l'interprétation des données collectées, dans lesquelles toutes les questions de recherche ont été analysées.

Il était important de comparer le résultat des attentes des entreprises participant

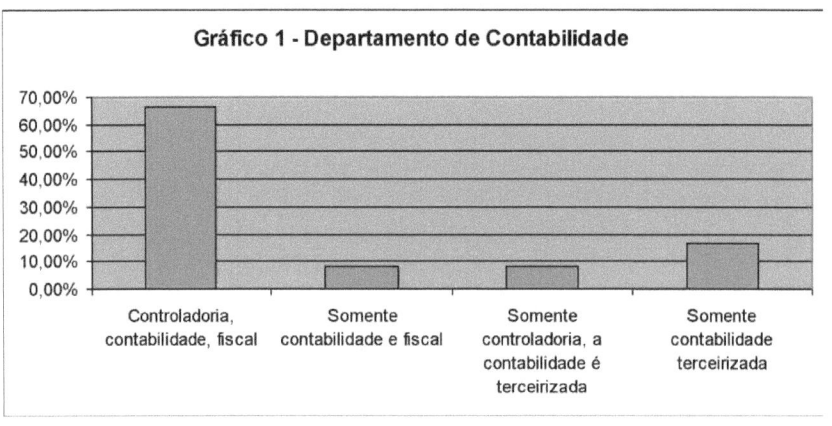

à l'enquête avec les résultats obtenus par Duarte dans son livre Big Brother Fiscal - 2009.

Dans le graphique 1 ci-dessus, nous pouvons voir que la plupart des entreprises qui ont répondu au questionnaire ont des départements de comptabilité et de fiscalité, ce qui rend la mise en œuvre de SPED plus intéressante et a des résultats plus positifs, comme mentionné dans le chapitre 1.3 de cette recherche, parmi les personnes interrogées à Duarte, 81,4% considèrent SPED de manière positive.

Lorsque l'entreprise a une comptabilité externe, on constate le peu d'intérêt pour SPED et les résultats sont négatifs, car l'entreprise ne se préoccupe que de répondre aux exigences fiscales et n'a pas amélioré sa gestion, ni la professionnalisation de ses employés. Cela pourrait conduire à des questions futures de la part des autorités fiscales, car les informations n'ont souvent pas été analysées aussi rigoureusement que

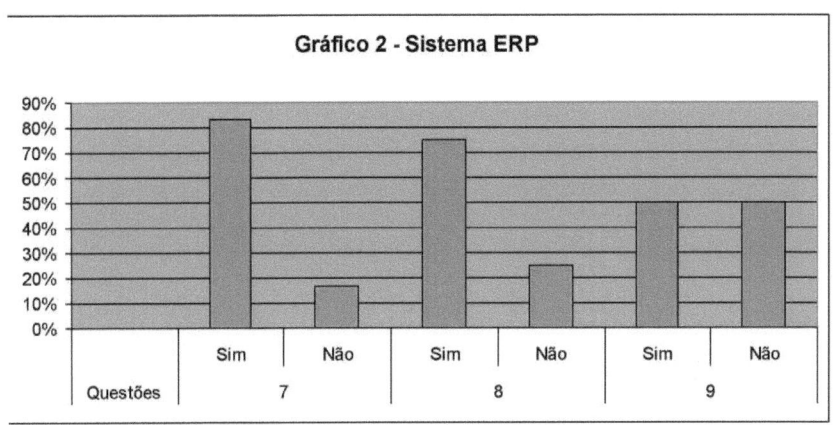

celles traitées dans un système ERP. Les observations de ce paragraphe ont été corroborées par l'analyse statistique du test de corrélation réalisé.

Comme le montre le graphique 2 ci-dessus, 83% des entreprises interrogées disposent d'un ERP et nous pouvons donc constater qu'il s'agit d'entreprises qui cherchent à améliorer continuellement leurs processus et contrôles comptables. Dans le chapitre 1.3, nous avons cité la recherche de Duarte qui a également conclu que la SPED a influencé l'augmentation de l'informatisation, ce que nous avons trouvé dans cette recherche à travers la question 9, avec 50% de nos personnes interrogées. Ce

graphique montre également que 75 % des personnes interrogées étaient déjà prêtes à

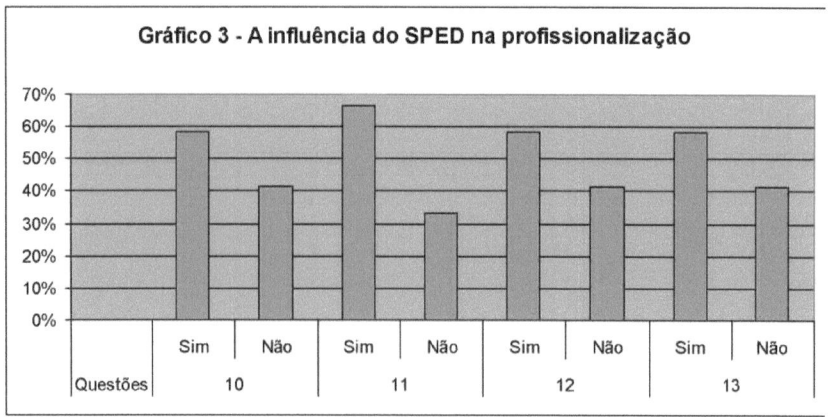

enseigner la comptabilité SPED en 2010.

En effet, si les entreprises n'utilisent pas ces données pour améliorer leur

planification, leur organisation, l'évaluation de leurs résultats, la création de scénarios

pour soutenir leur activité et l'élaboration de leur planification fiscale, les autorités

fiscales utiliseront toutes ces informations pour s'assurer que l'activité de l'entreprise

est conforme à la législation fiscale.

Les personnes interrogées qui ont déclaré que le programme SPED avait aidé

toutes les personnes impliquées à mieux connaître les activités de l'entreprise, créant

ainsi une équipe plus concentrée et plus professionnelle, représentaient plus de 53 %.

Par rapport à l'enquête de Duarte de 2009, qui indique qu'environ 56 % des personnes

interrogées pensent que la formation professionnelle continue conduira à l'utilisation

de la comptabilité comme outil de gestion, nous pouvons constater que la formation professionnelle continue peut contribuer à la professionnalisation des petites et moyennes entreprises, à condition que les personnes impliquées s'engagent et qu'il y ait un investissement de la part des entreprises.

2.1. Analyse de la corrélation de Pearson

Le test de corrélation de Pearson a été initialement utilisé dans cette étude. Il s'agit d'un test de corrélation qui cherche à établir la relation entre deux ou plusieurs variables. Selon Miller (2002, 160), le coefficient de corrélation produit-moment de Le coefficient de Pearson est un test permettant de déterminer s'il existe une corrélation entre deux variables et le sens de cette corrélation, qu'elle soit négative ou positive. Ce coefficient peut prendre des valeurs comprises entre -1 et +1. Une corrélation dont le coefficient prend la valeur +1 implique une relation dans laquelle une variable explique complètement l'autre. Si ce coefficient prend la valeur zéro, cela signifie qu'il n'y a pas de relation entre les variables. Si ce coefficient prend la valeur -1, il s'agit d'une relation parfaitement négative.

Cette étude a cherché à établir des relations entre la variable correspondant à la perception de l'entreprise d'être préparée à la SPED et des aspects tels que : l'existence d'un service de contrôle, de fiscalité et de comptabilité ; le secteur d'activité ; l'existence d'un système ERP implanté dans l'entreprise ; la taille de l'entreprise ; la formation du comptable ; la nécessité d'améliorer la gestion des données à la suite de la SPED ; la nécessité de louer un système ERP auprès d'une entreprise particulière ; la nécessité de former le personnel ; le secteur d'activité ; et la perception de l'entreprise quant à la nécessité d'améliorer la gestion du personnel à la suite de la SPED.

Le test de corrélation de Pearson a été effectué, conformément à Miller (2002), à l'aide du logiciel statistique SPSS, et il a été constaté qu'il existait une corrélation entre la perception de l'entreprise d'être préparée à la DEP et les variables suivantes : taille de l'entreprise ; existence d'un service de contrôle, de comptabilité et de fiscalité au sein de l'entreprise ; et taille de l'entreprise. Comme le montre le tableau 01 ci-dessous.

Tableau 1 : Corrélation entre la perception de l'état de préparation à la DEP et le nombre d'employés, l'existence d'un service de contrôle et l'existence d'un système ERP.

Varia bles sis		Préparé pour SPED
Nombre d'employés		
	Corrélation de Pearson	$- - -$** ,858
	Sig. (2-tailed)	,000
	N	12
Il a Contrôle de gestion, comptabilité et fiscalité	Corrélation de Pearson	$- -$** ,951
	Sig. (2-tailed)	,000
	N	12

Je dispose d'un système ERP mis en œuvre	Corrélation de Pearson	,775**
	Sig. (2-tailed)	,003
	N	12

** La corrélation est significative au niveau de 0,01 (2 fois).

* La corrélation est significative au niveau de 0,05 (2 fois).

Lors de l'analyse de la corrélation entre la perception d'être préparé pour le SPED et la variable du nombre d'employés, il est important de vérifier comment ces variables ont été mesurées. La variable du nombre d'employés allait de 1 à 4. L'entreprise ayant le plus petit nombre d'employés a reçu le numéro 1 et l'entreprise ayant le plus grand nombre d'employés a reçu le numéro 4. En ce qui concerne la préparation au SPED, les réponses étaient nominales, avec 1 pour ceux qui pensent qu'ils sont préparés et 0 pour ceux qui pensent qu'ils ne sont pas préparés. Ainsi, le coefficient de Pearson de 0,858, à un niveau de signification inférieur à 1 %, montre une relation positive dans laquelle plus le nombre d'employés est élevé, plus la perception d'être préparé à la DEP est grande. Et cette relation se vérifierait dans plus de 99% des cas.

Il n'y a pas de corrélation entre le besoin de formation ou la formation et la perception d'être préparé pour le SPED. Apparemment, dans l'échantillon sélectionné, les entreprises ayant la perception d'être préparées pour le SPED avaient déjà des équipes bien formées. La formation spécifique à la DEP peut avoir eu lieu dans une situation systémique d'inadéquation, peut-être même avec des délais déjà réduits pour la présentation des résultats. Comprendre pourquoi ces variables semblent être positivement liées implique des idées telles que la disponibilité des ressources humaines pour faire face au changement et des équipes préparées. Un autre élément qui pourrait être impliqué serait le volume de ressources disponibles, par exemple entre cette perception de la préparation et le chiffre d'affaires de l'entreprise. Cependant, les données obtenues n'ont pas permis de faire ce calcul.

Cependant, la technologie disponible dans l'entreprise en termes de TI, en particulier la disponibilité de systèmes ERP, semble avoir une influence positive sur la perception d'être préparé pour le SPED. Comme le montre le tableau 1, le fait d'avoir des systèmes ERP en place a montré une valeur élevée de l'indicateur de corrélation de Pearson de 0,775, avec une signification de p=0,003, de sorte que dans ce cas également, cette relation est significative dans plus de 99 pour cent des cas.

Jusqu'à présent, on peut constater que le fait d'être une grande entreprise en termes de nombre d'employés et d'avoir mis en place un système ERP semble être lié de manière significative à la perception d'être préparé pour le SPED dans plus de 99 % des cas.

Sur les douze réponses au questionnaire, huit provenaient d'entreprises de plus de 200 employés et deux d'entreprises de plus de 100 employés. Sur les huit entreprises de plus de 200 employés, sept appartiennent au secteur des services et une au secteur financier. Ainsi, le fait d'appartenir à ce type d'entreprise de plus de 200 salariés, disposant de systèmes ERP, appartenant au secteur des services et au secteur financier, est corrélé avec la perception d'être préparé à la SPED.

Pour compléter le tableau, on peut constater que l'existence de services de contrôle, de comptabilité et de fiscalité au sein de l'entreprise contribue à cette perception. Cette observation semble indiquer que les entreprises qui disposent d'un service de contrôle actif en interne réussissent mieux la transition vers la DEP que celles où la comptabilité n'est que fiscale.

Lorsque nous examinons les variables suivantes : nombre d'employés, ERP mis en œuvre et disponibilité interne de la zone de contrôle, nous constatons qu'elles présentent à leur tour des corrélations, comme le montre le tableau 2.

Tableau 2 : Test de corrélation de Pearson pour la variable nombre d'enfants.

des employés.

Variables	Nombre d'employés
Formation académique	**
Corrélation de Pearson	,764
Sig. (2-tailed)	,004
N	12

Secteur économique	Corrélation de Pearson	,620*
	Sig. (2-tailed)	,031
	N	12
Il a Contrôle de gestion, comptabilité et fiscalité	Corrélation de Pearson	− − − ** ,882
	Sig. (2-tailed)	,000
	N	12
ERP	Corrélation de Pearson	− − − ** ,899
	Sig. (2-tailed)	,000
	N	12
Préparé pour SPED	Corrélation de Pearson	− − − ** ,858
	Sig. (2-tailed)	,000
	N	12

** La corrélation est significative au niveau de 0,01 (2 fois).

* La corrélation est significative au niveau de 0,05 (2 fois).

Le tableau 2 montre, outre la corrélation déjà évoquée entre la perception d'être préparé à la SPED et le nombre d'employés, des corrélations entre cette variable et les qualifications académiques de l'équipe de contrôle et de comptabilité ; le secteur économique dans lequel ils opèrent ; et les deux variables déjà mentionnées : l'implémentation d'un ERP et la disponibilité d'un département de contrôle, de comptabilité et de fiscalité au sein de l'entreprise.

La corrélation entre le nombre d'employés et la formation académique des équipes de comptabilité et de contrôle (diplômés) indique que les entreprises ayant un plus grand nombre d'employés ont tendance à avoir un personnel mieux préparé. Ce personnel mieux préparé peut être l'une des raisons pour lesquelles les entreprises ayant un plus grand nombre d'employés ont tendance à avoir une meilleure perception de leur préparation à la SPED.

Une autre corrélation intéressante est celle qui existe entre le secteur économique et le nombre de travailleurs. Les entreprises des secteurs des services et de la finance sont celles qui comptent le plus grand nombre d'employés dans cette recherche. Ainsi, les entreprises des secteurs des services et de la finance, qui ont mis en place un système ERP, dont les domaines du contrôle, de la comptabilité et de la fiscalité sont structurés en interne, et dont le personnel est diplômé de l'enseignement supérieur, sont celles qui ont la meilleure perception de leur état de préparation à la DEP.

Du point de vue de l'existence d'un domaine Contrôle, comptabilité et fiscalité, il n'y a rien de nouveau puisqu'il a montré une corrélation positive avec les variables suivantes : formation de l'équipe, nombre d'employés, possession d'un ERP, etc. et d'avoir l'impression d'être préparées à la SPED. On peut supposer que l'existence d'un service actif de contrôle de gestion, de comptabilité et de fiscalité peut être un facteur déterminant dans la capacité d'une entreprise à mettre en œuvre les systèmes ERP de manière plus efficace. La plupart du temps, c'est le service de contrôle de gestion qui coordonne la mise en œuvre de ces systèmes. Les corrélations d'intérêt calculées pour ce domaine sont présentées dans le tableau 3.

Tableau 3 : Corrélations entre l'existence d'une fonction de contrôle,

d'une comptabilité d'entreprise et d'une comptabilité fiscale pour

p=5%.

Variables		Dans les domaines du contrôle, de la comptabilité et de la fiscalité
Formation académique	Corrélation de Pearson	,583*
	Sig. (2-tailed)	,047
	N	12
Nombre de ²employés	Corrélation de Pearson	− − − ** ,882
	Sig. (2-tailed)	,000
	N	12
ERP	Corrélation de Pearson	− − − ** ,865
	Sig. (2-tailed)	,000
	N	12
Préparé pour SPED	Corrélation de Pearson	− − ** ,951
	Sig. (2-tailed)	,000
	N	12

Il convient de garder à l'esprit qu'une entreprise qui emploie un grand nombre de personnes est plus complexe à gérer qu'une entreprise qui emploie moins de personnes, ce qui conduit nécessairement à une plus grande sophistication de sa gestion dans la recherche de la compétitivité.

En ce qui concerne la mise en place d'un système ERP, les corrélations calculées dans le tableau 4 sont présentées.

Tableau 4 : Corrélations significatives avec $p<=5\%$ pour la variable existence de

Mise en œuvre de l'ERP.

Variables	ERP

Formation académique	Corrélation de Pearson	,674*
	Sig. (2-tailed)	,016
	N	12
No mbre de Salariés	Corrélation de Pearson	− − − ** ,899
	Sig. (2-tailed)	,000
	N	12
Il a Contrôle de gestion, comptabilité et fiscalité	Corrélation de Pearson	− − − ** ,865
	Sig. (2-tailed)	,000
	N	12
Préparé pour SPED	Corrélation de Pearson	** $\overline{,775}$
	Sig. (2-tailed)	,003
	N	12

** La corrélation est significative au niveau de 0,01 (2 fois).

* La corrélation est significative au niveau de 0,05 (2 fois).

L'existence d'un ERP implémenté selon le tableau 04 tend à s'accompagner de l'existence dans l'entreprise d'une zone de contrôle et de comptabilité fiscale et d'entreprise, avec des équipes bien formées affichant une formation supérieure et des entreprises de grande taille avec un plus grand nombre d'employés. L'existence de ces caractéristiques forme un environnement où l'ERP tend à être présent. Et cet ensemble de variables conduit à un confort dans la préparation à la SPED.

En complément de cette analyse, il semble intéressant d'étudier la variable formation du personnel et ses corrélations, qui sont présentées dans le tableau 5.

Tableau 5 : Corrélats pour la variable "formation du personnel".

Variables		Formation académique
Nombre de salariés	Corrélation de Pearson	$-$,764**
	Sig. (2-tailed)	,004
	N	12
Secteur économique	Corrélation de Pearson	,654*
	Sig. (2-tailed)	,021
	N	12
Il comporte des zones de Contrôle de gestion, comptabilité et fiscalité	corrélation de Pearson Sig. (2-tailed)	,583* ,047
	N	12
ERPPearson	Corrélation	,674*
	Sig. (2-tailed)	,016
	N	12
Préparé pour	SPEDCorrélation de Pearson	,522
	Sig. (2-tailed)	,082
	N	12

** La corrélation est significative au niveau de 0,01 (2 fois).

* La corrélation est significative au niveau de 0,05 (2 fois).

Le niveau le plus élevé de formation académique présente une forte corrélation avec les variables suivantes : le secteur économique, l'existence d'un département interne de contrôle de gestion, de comptabilité d'entreprise et de comptabilité fiscale, la mise en œuvre d'un ERP et la perception d'être préparé pour le SPED. La perception d'être préparé pour le SPED n'a pas le même niveau de signification de $p <= 5\%$ qui a été travaillé jusqu'à présent, cependant, on peut voir qu'elle atteint $p = 8,2\%$, c'est-à-dire qu'il s'agit d'une relation significative pour plus de 90% des cas.

Il convient de noter que le coefficient de Pearson ne permet pas d'établir une relation de cause à effet. Le fait qu'une corrélation ait été trouvée entre la perception d'être préparé pour le SPED et la taille de l'organisation en termes de nombre d'employés, l'existence d'un secteur interne à l'entreprise qui effectue des activités de contrôle, de comptabilité et de fiscalité et l'existence de systèmes ERP mis en œuvre ne signifie pas que ces trois variables causent la perception d'être préparé ; elles signifient plutôt que cette perception et l'existence de ces trois aspects semblent avoir tendance à coexister, ce qui mérite une étude et une discussion plus approfondies afin d'établir le type de relation.

Cette recherche a permis de constater que la perception de l'état de préparation à la SPED était plus forte dans les entreprises qui disposaient déjà de services de contrôle bien structurés, avec des services comptables et fiscaux opérant au sein de l'entreprise. La corrélation complète implique le nombre d'employés, la disponibilité de la zone de contrôle, la présence d'un système ERP mis en œuvre et, dans une moindre mesure, mais toujours avec un indice de signification de $p = 8,2\%$, la présence d'une main-d'œuvre ayant un niveau d'éducation supérieur. L'hypothèse restante est que la présence d'un service de contrôle bien structuré, fonctionnant en interne au sein de l'entreprise, plutôt que le recours à des services externalisés, a été un facteur déterminant dans cette perception de confort dans l'adoption de SPED, étant donné que la présence d'un service de contrôle dans la plupart des entreprises se produit avant la mise en œuvre de systèmes ERP. Il existe également une corrélation significative entre la présence de systèmes ERP et l'existence d'un service de contrôle de gestion bien structuré.

Une analyse factorielle a été réalisée afin de comprendre les relations entre les variables suivantes : préparation à la SPED, nombre d'employés, existence d'un système ERP, secteur économique, formation des équipes de soutien du répondant et existence de services de contrôle interne, de comptabilité et de fiscalité.

Dans ce cas, les données ont été organisées autour de deux axes, comme le montre le tableau 6.

Tableau 6 : Matrice des composantes des facteurs d'organisation des variables.

Composant de la matrice[a]		
Variables	Composant	
	Préparation interne	Équipes et secteur économique
Nombre d'employés	,988	,052
Secteur économique	,557	,784
Dans les domaines du contrôle, de la comptabilité et de la fiscalité	,916	-,363
ERP	,918	-,146
Préparé pour SPED	,877	-,394
Formation académique	,806	,403

Méthode d'extraction : analyse en composantes principales.

a. 2 composants extraits.

Cette analyse suggère l'existence de deux classes de variables, l'une résultant du travail interne de la direction et de l'organisation, que l'on pourrait appeler préparation interne ; et l'autre, en partie également le résultat de la direction, mais plus liée à la structure de base, aux fondations de l'organisation : le secteur économique dans lequel elle opère et les qualifications académiques des personnes qui soutiennent le répondant, que l'on pourrait appeler les équipes et le secteur économique. Il semble que lorsque le répondant a à ses côtés des personnes plus instruites, il se sent plus confiant dans la préparation de l'organisation.

En ajoutant les variables : amélioration de la gestion des données, amélioration de l'équipe SPED et nécessité d'améliorer la gestion du personnel, on obtient le tableau 7.

Tableau 7 : Facteurs d'organisation des variables choisies.

Composant de la matrice[a]			
Variables	Composante		
	Organisation interne	Surprise et improvisation	Bergo - Secteur économique
Formation académique	,726	-,580	,246
Nombre d'employés	,988	-,084	,067
Secteur économique	,553	-,131	,815

Il dispose de périmètres de contrôle , Comptabilité et fiscalité	,920	-,022	-,346
ERP	,900	-,174	-,177
Préparé pour SPED	,903	,115	-,332
Meilleure gestion des données	,248	,837	-,015
SPED génère un meilleur personnel	,268	,827	,162
Nécessite une meilleure gestion	,268	,827	,162

Méthode d'extraction : analyse en composantes principales.

a. 3 composants extraits.

Ainsi, les réponses indiquant que la mise en œuvre de SPED a conduit à une amélioration de la gestion du personnel, de l'équipe elle-même et des données indiquent un facteur d'improvisation dans lequel, contrairement à ce que l'on pourrait imaginer à première vue, elles montrent que les améliorations recherchées se sont produites de manière non productive et à l'opposé des facteurs de l'organisation interne et du secteur économique, donnant l'impression que les entreprises ont dû chercher des solutions à contretemps, précisément en raison du manque d'organisation antérieur.

CONSIDÉRATIONS FINALES

L'objectif de cette recherche était d'approfondir le processus de mise en œuvre de la comptabilité SPED et ses effets immédiats sur les petites et moyennes entreprises, ainsi que le grand défi auquel ces entreprises ont dû faire face pour répondre aux exigences fiscales.

Les résultats de cette enquête ont été fondamentaux pour réaliser qu'avec l'arrivée de l'obligation comptable SPED, les entreprises devaient investir dans leurs processus et contrôles internes, dans la formation des professionnels et dans leurs systèmes ERP et comptables, car selon la sensibilité des personnes impliquées, telles que les chefs d'entreprise, les comptables et les professionnels des TI (technologies de l'information), 58,33 % des personnes ont estimé que l'entreprise avait réalisé une amélioration significative dans la gestion du personnel et le même pourcentage de personnes a également estimé qu'elles connaissaient mieux l'activité de l'entreprise.

Il s'agit d'un effet très positif, car il montre que les personnes sont mieux préparées à un monde plus professionnel et plus compétitif. Il est important de souligner que la comptabilité SPED n'est pas seulement une obligation fiscale, mais plutôt une opportunité pour les entreprises et leurs professionnels d'améliorer la façon dont ils gèrent leurs informations comptables, et leurs états refléteront désormais plus fidèlement la situation réelle des actifs de l'entité.

Un autre point soulevé est que l'entreprise qui a une comptabilité externe n'a pas bénéficié de la mise en œuvre de SPED, ce qui nous amène à une nouvelle question : quels sont les avantages d'avoir une comptabilité externe ?

RÉFÉRENCES BIBLIOGRAPHIQUES

AMATO NETO, J. Productive co-operation networks and regional clusters : opportunities for small and medium-sized enterprises. Sao Paulo : Atlas, 2000.

COOPER, D. R. ; SCHINDLER, P. S. Research Methods in Management. Porto Alegre : Bookman, 2003.

DUARTE, Roberto Dias, Big Brother Fiscal III - Le Brésil à l'ère de la connaissance. - Ideas@work - 2009

DINIS, E. H. O governo electrónico no Brasil : Perspectiva histórica a partir de um modelo estruturado de análise. Revista de Administragao Pública. V.43, février 2009.

GONQALVES, M. F. A pequena empresa e a expansão industrial. Lisbonne : Association industrielle portugaise, 1994.

Hair, Jr, J. F. ; Anderson, R. E. ; Tatham, R.L. ; Black, W. C. Multivariate Data Analysis. 5e éd. Nes Jersey : Prentice-Hall, Inc, 1998.

IUDÍCIBUS, Sérgio, MARTINS, Eliseu, GELBCKE, Ernesto . Manuel de comptabilité pour les sociétés. 7ª . Édition, 2008.

KUGLIANSKAS, I. Rendre les petites et moyennes entreprises compétitives. Sao Paulo Institutos de Estudos Gerenciais e Editora, 1996.

MARCONI, Marina de Andrade ; LAKATOS, Eva Maria. Méthodologie du travail scientifique :   procédures de base, recherche bibliographique, projet et rapport, publications et travaux scientifiques. 6ème édition, Sao Paulo : Atlas, 2006.

Miller, R. L. ; Acton, C. ; Maltby, J. SPSS for Social Scientists. Londres : Palgrave McMillan, 2002.

PEREIRA, D. Y. Qui éteint les incendies dans les petites et moyennes entreprises. 2006.

PRESTES. Maria Luci de Mesquita. La recherche et la construction de la connaissance scientifique : de la planification aux textes, de l'école à l'académie. 2. Ed. Actual. E ampl. Sao Paulo : Respel, 2003.

SILVA, C. A. V. da. Réseaux de coopération des micro et petites entreprises : étude des activités logistiques dans le secteur métallurgique à Sertaozinho - SP. 2004. 199f. Mémoire de maîtrise - Université de Sao Paulo, École d'ingénieurs de Sao Carlos.

http//www.sesconms.org.br/not_ler.asp?codcat=3&código=2248.

http://t.wikippedia.org/wiki/contabilidade_gerencial